Adivinhas
para toda a família

Dados Internacionais de Catalogação na Publicação (CIP)
Angélica Ilacqua CRB-8/7057

Adivinhas para toda a família / Susaeta Ediciones ;
ilustrações de Florencia Cafferata ; tradução de Juliana Amato. —
Barueri, SP : Girassol, 2022.
160 p. : il., color.

ISBN 978-65-5530-370-4
Título original: Adivinanzas y Chistes

1. Passatempos - Literatura infantojuvenil I. Título II. Cafferata,
Florencia III. Amato, Juliana

22-0887   CDD 793.7

Índices para catálogo sistemático:
1. Passatempos : Infantojuvenil 793.7

© SUSAETA EDICIONES S.A.

Publicado no Brasil por
Girassol Brasil Edições Eireli
Av. Copacabana, 325, Sala 1301, 18 do Forte
Alphaville – Barueri – SP – 06472-001
leitor@girassolbrasil.com.br
www.girassolbrasil.com.br

Direção editorial: Karine Gonçalves Pansa
Coordenação editorial: Carolina Cespedes
Assistente editorial: Laura Camanho
Capa e diagramação: Patricia Benigno Girotto

Impresso no Brasil

Adivinhas
para toda a família

Ilustrações de Florencia Cafferata
Tradução de Juliana Amato

GIRASSOL

Adivinhas com quatro patas

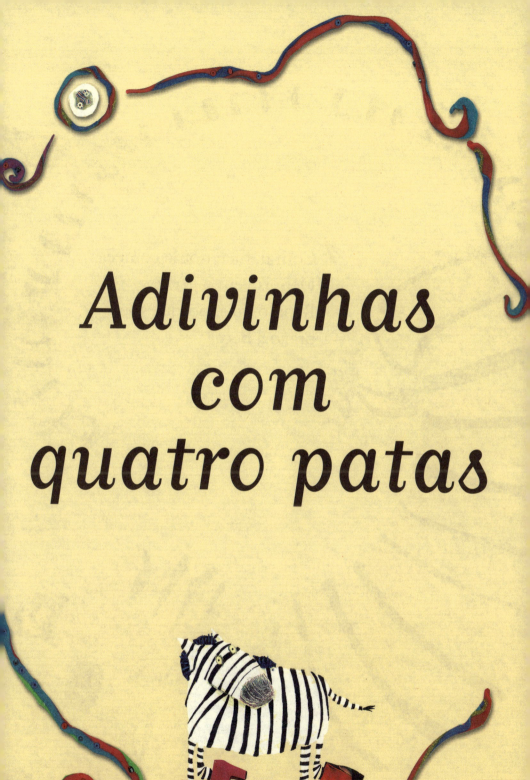

1 Com ti, meu nome começa.
Depois vem o grrrr.
Rápido, fuja, porque sou
bravo a beça.

2 Leo, mas não sou leão.
Pardo, mas não sou pardal.
Se ainda não sabe quem sou,
corra, pois vai se dar mal.

3 Me chamam de toucinho, de leitão.
Rolando na lama, me sujo um montão.
Vivo feliz no meu chiqueiro.
O difícil é aguentar o meu cheiro!

4 Vivo em grandes rios.
Meu preferido é o Nilo.
Meu nome é Croco
e meu sobrenome é Dilo.

5 Duas torres altas,
dois observadores.
Um espanta-moscas,
quatro andadores.

6 Do porco sou parente.
Meu nome termina com i.
Também sou muito valente.
Meu nome é...

7 Uns me chamam
de corcunda.
Respondo que
animal eu sou.
Quatro patas
me sustentam.
Pronto, acabou!

8 Dura por cima,
dura por baixo.
Vou devagar
e no casco me encaixo.

9 Faça frio,
faça calor,
tenho sempre
um cobertor.

10 Quem será, quem será?
Que, se as garras mostrar...
nenhum rato escapará?

11　Sou eu que vigio seu lar
e aviso quando alguém passar.
Corro atrás do rabo como um carrossel.
E sou seu amigo fiel!

12 Onde ninguém sobe,
eu subo.
O que ninguém come,
eu petisco.
Fico bem pouco no vale.
Prefiro viver em risco!

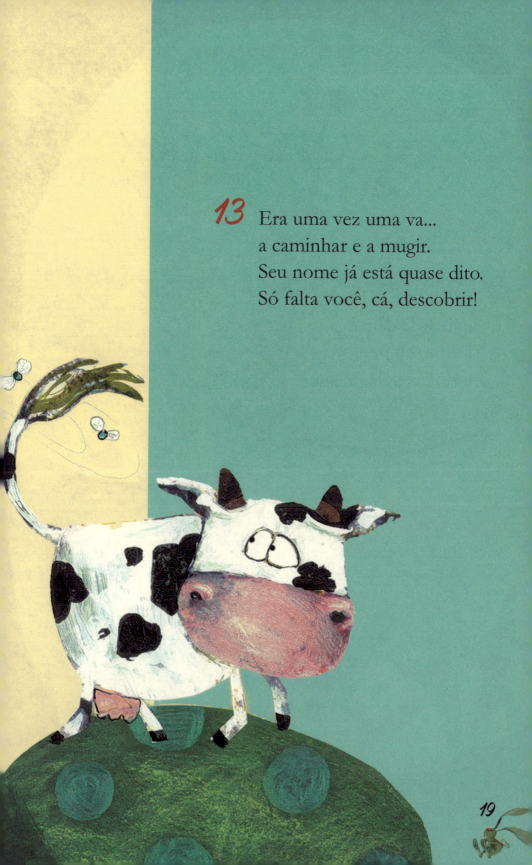

13 Era uma vez uma va...
a caminhar e a mugir.
Seu nome já está quase dito.
Só falta você, cá, descobrir!

14 Elegante, esbelta,
uma bela dama.
Exibe seu pescoço
todo dia pela savana.

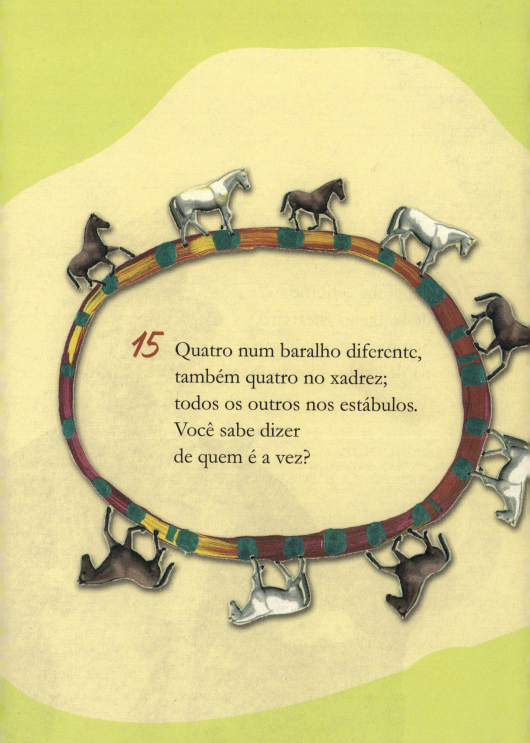

15 Quatro num baralho diferente,
também quatro no xadrez;
todos os outros nos estábulos.
Você sabe dizer
de quem é a vez?

16 Adivinhe o nome
desse bicho guerreiro.
Sempre que sai da arena
dá de cara com o toureiro.

17 Orelhas grandes;
rabo curtinho.
Eu salto e corro,
bem ligeirinho.

18 Minhas garras são cruéis.
Meu apetite é voraz.
Minha vasta cabeleira
me faz um rei sagaz!

19 Não é cama
e nem leão.
Esconde-se rápido,
em qualquer situação.

20 Na savana,
ela tem fama.
De não ter nada,
exceto um pijama.

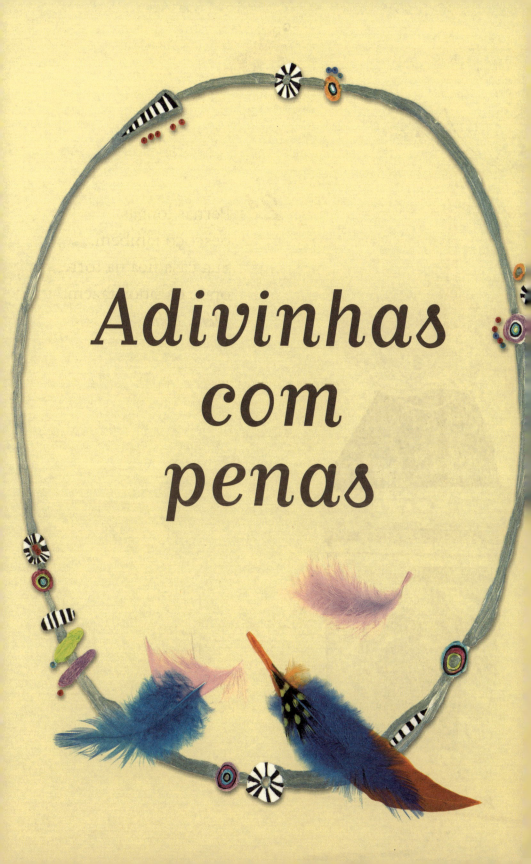

Adivinhas com penas

21 Pernas longas,
pescoço também.
Sua casa fica na torre,
onde os sinos fazem:
blém, blém.

22 Sou muito comunicativo e educado,
mas um pouco vaidoso.
Glu-glu-glu para todo lado.
Olhe bem para a minha cauda:
é um leque bem formoso.

23 Tem coroa
e não é rei.
Tem esporas,
sem cavalo.
Canta toda
manhã bem cedo.
Ora essa é o...

24 Sou uma ave, mas não voo.
Corro mais que muitos no zoo.
Me intimido com qualquer alvoroço,
e para dentro do buraco ponho meu pescoço.

25 Sou um animal bem patudo;
tenho muitas patas!
Mas, vê se pode,
tenho só um bico e duas asas.

26 Qual é o animal que anda com uma pata?

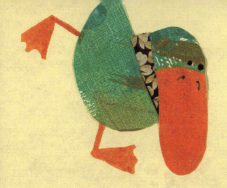

27 Sou muito comunicativo e educado,
mas um pouco vaidoso.
Glu-glu-glu para todo lado.
Olhe bem para a minha cauda:
é um leque bem formoso.

28 Sou símbolo da sabedoria
e uma ave de muita categoria.
À noite, estou sempre a voar
em busca de um delicioso jantar.

29 Com seu leque de penas
se acha o tal,
mas é só mais um pássaro
do reino animal.

30 Verde como a grama,
mas grama não é...
Fala que nem gente,
mas gente não é.

31 Com seus
gritos, logo cedo,
alvoroça a praia inteira.
Também é pescadora e marinheira!

32 Sou filho de pais cantores,
e mesmo sem saber cantar,
logo ao abrir o bico,
passo os dias a piar.

33 Seus filhotes amarelinhos
adoram comer bichinhos.
Cada vez que um aparece,
a casa toda estremece.

34 Veste uma camisa branca
e um negro paletó.
É uma ave que não voa,
mas nada bem que só!

Adivinhas de gigantes

35 Sou um animal bem gordinho.
Gosto muito de um banho.
Tenho orelhas pequeninas,
mas sou grande de tamanho.

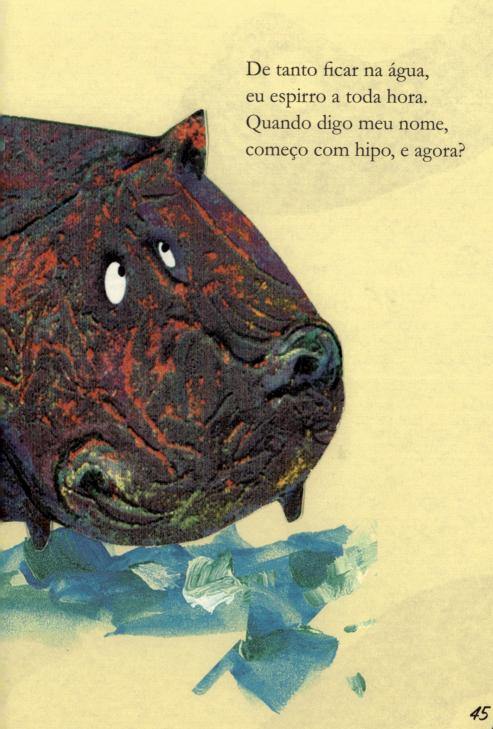

De tanto ficar na água,
eu espirro a toda hora.
Quando digo meu nome,
começo com hipo, e agora?

36 O sobrenome é Conda,
o nome é Ana.
Todos têm medo.
A todos espanta.
Ela é a maior.
Ela é uma giganta.

37 Você sabe quem é
um animal tão desastrado
que tem um chifre no nariz
e outro crescendo do lado?

38 Sua memória é famosa
tem um tamanhão,
sua pele é grossa
e o nariz é grandalhão.

39 Um bom peixe
ela saboreia.
E sua barriga
está sempre cheia.
Seu nome é...

40 Há muitos e muitos anos
viveu na Terra um
animal enorme.
Todos o chamam de Dino.
Sauro é seu sobrenome.
De quem estou falando?

Adivinhas pequenininhas

41 Pequenino como formiga,
dele, todos temos medo.
Se batemos na madeira,
sua casa desaba inteira.

42 Carregadas elas vão.
Carregadas elas vêm.
Nada no caminho as detêm.

43 Com minha casa nas costas,
ando mesmo sem ter pata.
Vou marcando meu caminho
com um longo fio prata.

44 Pé por pé, calçaram os cem.
Que agonia! Que agonia!
Para poder calçar todos,
demorou noite e dia.

45 Do nariz para a orelha, da orelha para o nariz. E por mais que eu diga: "Chispa!", ela sempre voa feliz.

46 Grandes pernocas,
pequenas mãozinhas.
Tenho lindas cores,
nas minhas asinhas.
Pulo alto e adoro
comer folhinhas.

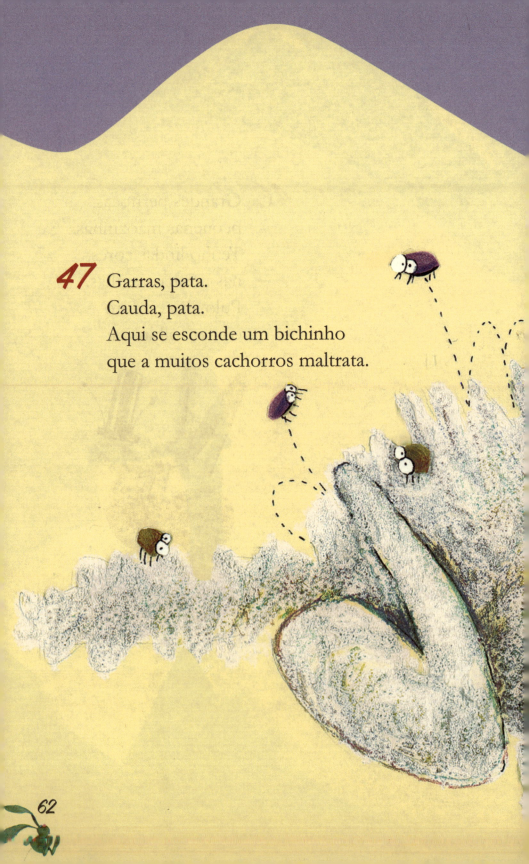

47 Garras, pata.
Cauda, pata.
Aqui se esconde um bichinho
que a muitos cachorros maltrata.

48 Se você tem,
capture-a.
Se não tem,
nem queira ter!
Deixe-a longe
de você.

49 Verde por cima,
verde na barriguinha;
é a única folha
que voa e caminha!

50 No ar ela anda,
no ar ela está.
No ar ela tece
uma teia, olhe lá!

51 Sou um animal bem pequeno.
Sou muito lindo, sou um gato.
Se você troca o G pelo R,
Adivinha meu nome, sou o...

52 Joana usa seu vestido.
Todo cheio de bolinhas.
Pousa no dedo e não faz zunido;
pousa na flor e faz gracinhas.

53 A resposta você ouve,
zumbindo na sua orelha.
Sou eu quem produz o mel,
meu nome é...

54 Tenho um casaco verde.
E todo enrugadinho.
Lavo-o na lagoa.
Deixo secar no solzinho.

55 Qual é o bichinho que vive com os pés na cabeça? Pense e adivinhe! E se pegar, não se enfureça!

56 Dizem que sou gelada,
pelas paredes gosto
de andar.
Por mais que você corra
nunca vai me pegar!

57 Verde, verdinho, verdão.
Olhos esbugalhados
e um bocão.
Pernas esticadas
prontas para um pulão!

58 Que som é esse que toca
toda noite no mesmo lugar?
Pior que um despertador,
incomoda sem parar.

59 Quem é que está lá no alto?
Nos galhos ele se encolhe,
pois esconde só para si
todo o tesouro que recolhe.

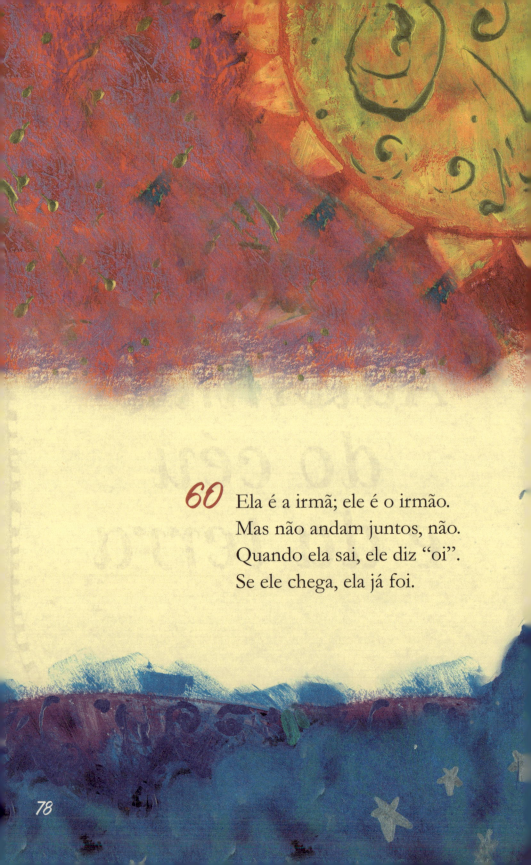

60 Ela é a irmã; ele é o irmão.
Mas não andam juntos, não.
Quando ela sai, ele diz "oi".
Se ele chega, ela já foi.

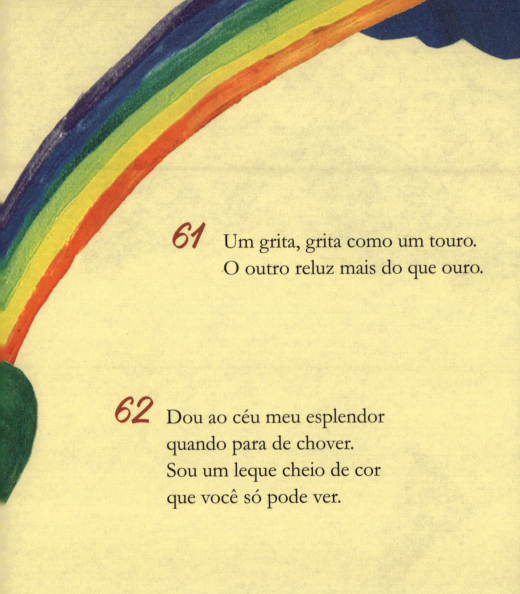

61 Um grita, grita como um touro.
O outro reluz mais do que ouro.

62 Dou ao céu meu esplendor
quando para de chover.
Sou um leque cheio de cor
que você só pode ver.

63 É um rebanho de ovelhas,
pastando feliz no ar.
Às vezes, molha a gente.
Às vezes, vem para limpar.

64 Ilumino dentro de sua janela,
e apareço no céu de todo o globo.
Quem sou eu? Pense com cautela.
Então responda logo. Não seja bobo!

65 Não saia sem guarda-chuva
quando a ouvir chegar,
pois essa dama endiabrada
gosta mesmo é de molhar.

66 Beber pela boca
é normal de se ver,
mas há também quem
use os pés para sorver.

67 No inverno, sou careca.
No verão, sou cabeludo.
Se você sabe quem eu sou...
É um verdadeiro sabe-tudo!

68 Sou redondo como um anel.
Quem me toma no verão
deve sempre usar chapéu.

69 Olhe para a frente.
Mova os pedais.
Mantenha o equilíbrio.
E não pare mais!

70 Chegarei em perfumes.
Chegarei em cor.
Cantando a alegria,
renascerei em flor.

71 Voando pelo ar,
beijo todas as flores.
Minha vida é cheia
de muita luz e cores.

72 Todos passam por mim;
eu não passo por ninguém.
Todos perguntam por mim;
e eu não pergunto por ninguém.

73 Com apenas três cores,
oriento cada um.
Se todos obedecerem,
não haverá acidente algum.

74 Sussurro entre as folhas,
balanço as plantações.
Faço dançar os cometas
e impulsiono os aviões.

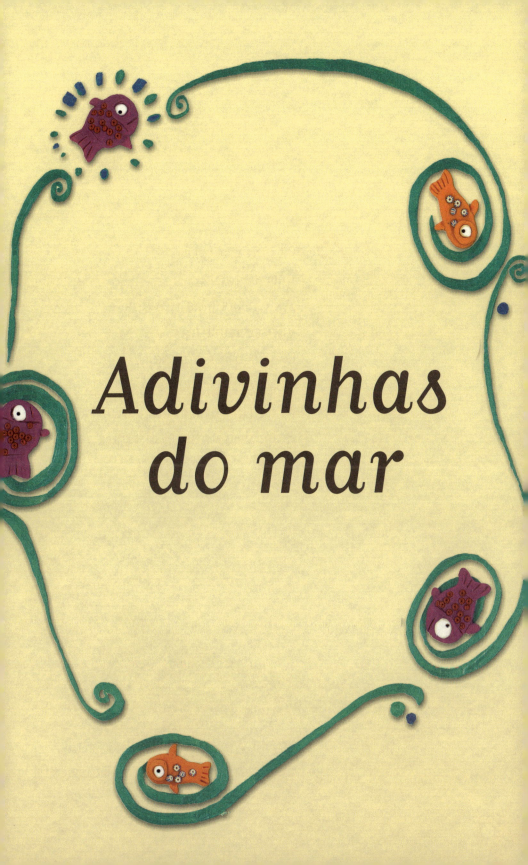

75 O céu e a terra
vão se juntar.
As ondas e as nuvens
vão se misturar.
Onde quer que seja,
você sempre o verá.
Mas, por mais que caminhe,
nele, você nunca chegará.

76 Nem de dia nem à noite
minha vela vai iluminar.
Mas, se bater um vento,
posso pelo mar navegar.

77 Brincalhão e inteligente,
nado e encanto toda a gente.
Ágil, acrobata e veloz,
não sou nada feroz.

78 Você pode achar estranho,
pois pareço uma peça de xadrez.
Na verdade sou um peixe,
um pouco pequenino, talvez.

79 Em mim, os rios morrem.
Em mim, os barcos correm.
Meu nome é muito curto,
três letrinhas e nada mais.

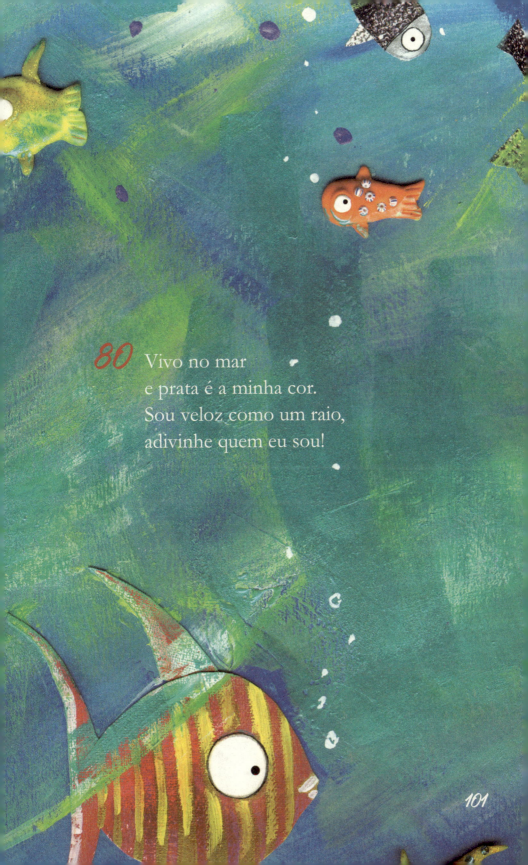

80 Vivo no mar
e prata é a minha cor.
Sou veloz como um raio,
adivinhe quem eu sou!

81
Tenho tinta, tenho tentáculos
e braços, tenho demais!
Mas não sei escrever,
pois isso não aprendi jamais.

82 De reflexos sem igual,
com minha arma, não sou um aprendiz.
Nado pelo oceano inteiro
com a espada no nariz.

83 Poderia ser um astro,
porém vivo no mar.
Meu nome?
Você vai ter
de adivinhar!

84 Perna de pau,
gancho afiado,
olho tapado.
Rouba outros navios,
vem e vai,
pelos mares bravios.

85 Cheio de dentes para morder,
faz o oceano todo tremer.

86 Fazendo barulho elas vêm,
fazendo barulho elas vão.
Quando voltarem amanhã,
do mesmo jeito partirão.

87 Uma dama sem vestido
nada sem bater o pé.
Tem escamas e não é peixe,
você já sabe quem é?

88 Adivinhe quem eu sou!
Gosto de andar de lado.
Tenho minhas garras,
e não passo apertado.

89 Vive há muitos anos no mar,
mas ainda não sabe nadar.

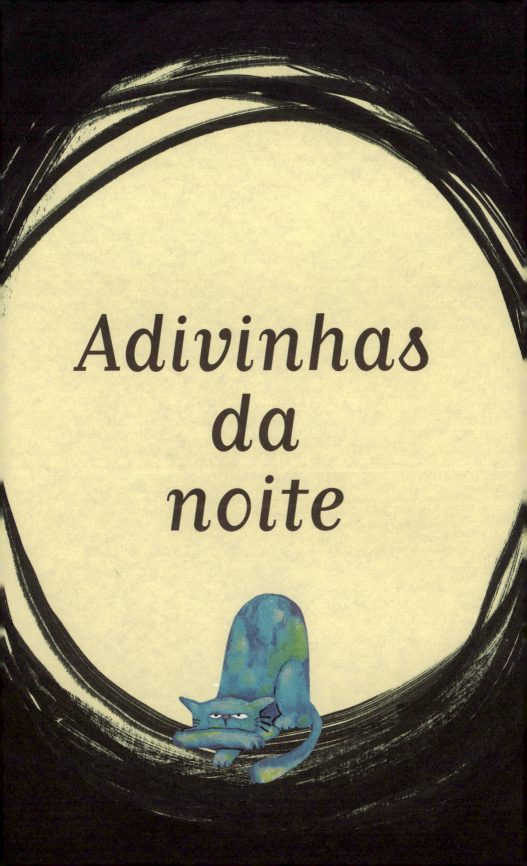

90 O que é, o que é? Quanto maior menos se vê?

91 Você sabe me dizer:
o que, ao falar seu nome,
deixa de ser?

92 Ela pode iluminar,
mas também
pode acabar.

93 Qual o animal que, já no nome, não pode ver?

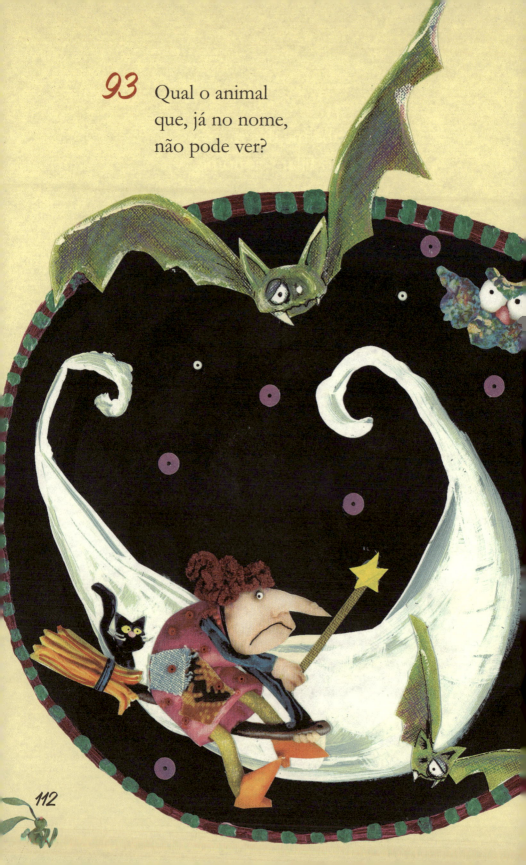

94 Vá até o bosque à noite,
se quiser me conhecer.
Sou uma senhora de olhos grandes,
cara séria e muito saber.

95 Toda noite cruza o céu.
Com vassoura, gato e chapéu.

96 Seu bumbum é uma lanterna, com ele, desbrava qualquer caverna!

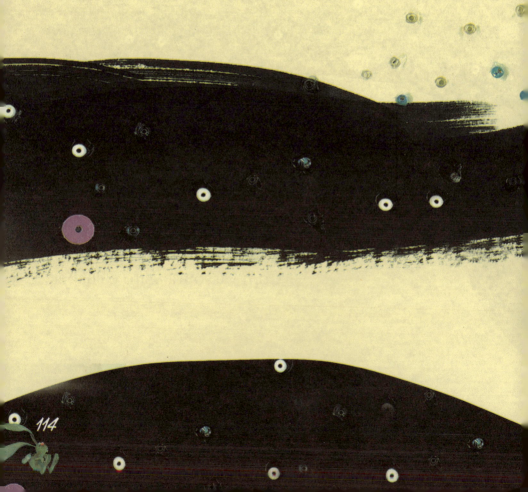

97 De dia, no claro, elas
se escondem.
Mas, ao cair da noite,
um monte de luzinhas
no céu explodem.

98 Quatro pernas ela tem,
porém não sabe andar.
Tem também uma cabeceira,
que não aprendeu a pensar.

99 Fecha nossos olhos,
abre nossa boca.
Para ganhar dele,
uma noite é coisa pouca.

100 Uma senhora
muito distinta,
com camisola
de seda branca.
Bem alto, lá no céu,
com suas quatro faces,
vigia seus sonhos
até seus desenlaces.

101 Rainha da noite,
mutante e bela;
empresta seu brilho
no palco em que estrela.

102 Sempre quietas,
sempre inquietas.
De dia, descansam.
De noite, despertam.

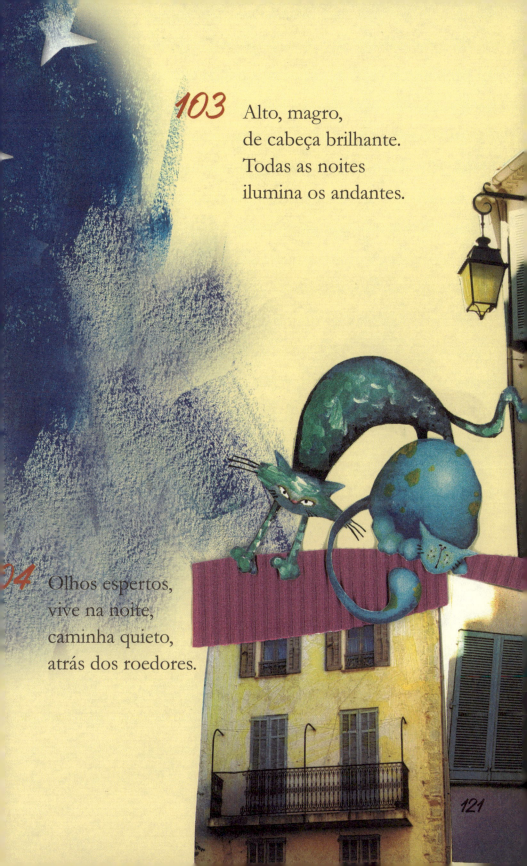

103 Alto, magro,
de cabeça brilhante.
Todas as noites
ilumina os andantes.

104 Olhos espertos,
vive na noite,
caminha quieto,
atrás dos roedores.

Adivinhas da família

105 Que parente sua será a filha de uma mulher casada com seu pai?

106 São filhos de seus avós,
portanto são irmãos;
Seus filhos, com os irmãos deles,
têm a mesma relação.

RESPOSTAS DAS ADIVINHAS

Adivinhas com quatro patas
1. Tigre
2. Leopardo
3. Porco
4. Crocodilo
5. Touro
6. Javali
7. Dromedário
8. Tartaruga
9. Ovelha
10. Gato
11. Cachorro
12. Bode
13. Vaca
14. Girafa
15. Cavalo
16. Touro
17. Coelho
18. Leão
19. Camaleão
20. Zebra

Adivinhas com penas
21. Cegonha
22. Andorinhas
23. Galo
24. Avestruz
25. Pato
26. Pato
27. Peru
28. Coruja

29. Pavão
30. Papagaio
31. Gaivota
32. Pintinho
33. Galinha
34. Pinguim

Adivinhas de gigantes
35. Hipopótamo
36. Anaconda
37. Rinoceronte
38. Elefante
39. Baleia
40. Dinossauro

Adivinhas pequenininhas
41. Cupim
42. Formigas
43. Caracol
44. Centopeia
45. Mosca
46. Gafanhoto
47. Carrapato
48. Pulga
49. Pulgão
50. Aranha
51. Rato
52. Joaninha
53. Abelha
54. Rã
55. Piolho

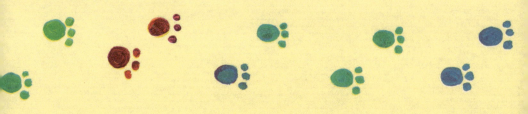

56. Lagartixa
57. Sapo
58. Pernilongo
59. Esquilo

Adivinhas do céu e da terra
60. Lua e Sol
61. Trovão e relâmpago
62. Arco-íris
63. Nuvens
64. Raio
65. Chuva
66. Árvore
67. Bosque
68. Sol
69. Bicicleta
70. Primavera
71. Borboleta
72. Rua
73. Semáforo
74. Vento

Adivinhas do mar
75. Horizonte
76. Veleiro
77. Golfinho
78. Cavalo-marinho
79. Mar
80. Sardinha
81. Lula
82. Peixe-espada

83. Estrela-do-mar
84. Pirata
85. Tubarão
86. Ondas
87. Sereia
88. Caranguejo
89. Areia

Adivinhas da noite
90. Escuridão
91. Silêncio
92. Vela
93. Morcego
94. Coruja
95. Bruxa
96. Vaga-lume
97. Estrelas
98. Cama
99. Sono
100. Lua
101. Lua
102. Estrelas
103. Poste
104. Gato

Adivinhas de família
105. Irmã
106. Tios

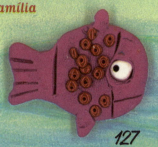